경남시인선 249

시간의 언덕

윤덕 시집

돌출판 경남

경남시인선 249

시간의 언덕
윤덕 시집

펴낸날　　2025년 9월 15일

지은이　　윤　　덕
펴낸이　　오 하 룡
펴낸곳　　도서출판 경남

주소　　　창원시 마산합포구 몽고정길 2-1
연락처　　(055)245-8818, fax.(055)223-4343
블로그　　gnbook.tistory.com
이메일　　gnbook@empas.com
등록　　　제1985-100001호(1985. 5. 6.)
편집팀　　오태민 | 심경애 | 구도희

ISBN　　　979-11-6746-198-8-03810

ⓒ윤덕

* 잘못된 책은 바꿔 드립니다.
* 저자와 협의 인지 생략합니다.

〔값 12,000원〕

시인의 말

흘러가는 강물 소리
꽃 피는 소리

사방 들려오면

오늘을 살며
어제는 잊어버리지 않았는지
순간순간 캐묻게 되는
광장에 살고 있다

2025년 9월
윤 덕

| 차례

시인의 말 • 3

제1부 돌탑을 쌓으며

백목련	10
장승	11
개꿈	12
윤사월	14
내가 이상하다	15
혼밥	16
외도	17
감나무	18
강냉이	20
새	22
정지선	23
사소한 일이다	24
돌탑을 쌓으며	26
시간	27
산벚꽃	28
무대	29
소신공양	30
양파	31

제2부 시간의 단내

봉숭아	34
독백	35
열대야	36
삐삐와 토스트	37
손수레	38
마취	40
택배 기사	41
지방간	42
하얀 그림자	44
그루잠	45
개전 사거리	46
운	48
박제된 시간	49
남도 지오그래피	50
불수의근	52
선문답	53
잔소리	54
봄이 온다	55

제3부 타는 유월이다

들꽃	58
문패	59
마늘밭	60
부원동 1	61
보청기	62
장군이	63
회개	64
기우	65
흘림낚시	66
눈칫밥	67
접	70
부원동 2	71
엄마는 시그널을 보내왔다	72
깃발	74
수시마을	75
젊은이여 내일을 밝히는 등불이 되라	76
노고단	77
헛개나무	78

제4부 골무

꽃무릇	80
해맞이	81
배추밭 연가	82
산사음악회	84
통증	85
이방인	86
골무	88
킬러와 킬라	89
귀	90
고장 난 시간	91
코로나19	92
어떤 세상	94
장마	95
단풍놀이	96
엠마우스	98
그 이름 하나로	99

제5부 파리, 45일

진주 파리가 파리로 가다	104
벨기에 가다	106
몽생미셸 가는 길	108
협곡, 룩셈부르크	111
에펠탑	112
몽수희 공원에서	114
트레비 분수	115
몽마르트르 언덕	116
눈 덮인 융프라우로 가다	118
노트르담 대성당	120
샹젤리제 거리를 걷는다	122
베를린, 장벽을 보며	124
버스를 타고	126
남프랑스 마르세유로 향하다	128
해 뜨는 런던을 향해	130
스페인, 안토니오 가우디만 떠오른다	132
로마로 향하다	134
웨아리즈 더 차아징 스토아	136
베르사유 궁전	138
추억 속, 미라보 다리를 찾아	140
요리사 되다	142
피사의 사탑	144

제1부

돌탑을 쌓으며

백목련

참으로 눈부시다

속마음도 그럴까 안달 났는데 그저 웃고만 있다

꽃샘에 움찔움찔 옷섶 여미는 사이

가혹하게 후려치는 봄비

지평선이 흔들린다

흘러내리는

찬란했던 봄의 환희

속울음도 눈부실까

격정을 인내한 온몸이 거무스름하다

장승

죽은 밤나무를 베어 몸뚱어리를 다듬었다

눈동자부터 새겨넣었다

사흘 뒤에는 콧부리를 새겼다

나흘째는 입을 새겨넣으려는데 뒤따르는

번뇌,

웃는 입으로 새겨넣을까 우는 입으로 새겨넣을까

입만 열면 분잡해지는 세상

말 많은 입으로 새길까 침묵하는 입으로 새길까

아예 입을 없애 버리고 싶은 타는 애간장

또 뒤따르는 번뇌,

이 세상에 단 하나뿐인 장승으로 만들어 버릴까

숱한 밤이 가고 날이 가고

입꼬리는 약간 올라간 것 같은데

꾹 다문 두툼한 얼굴로 서 있다

개 꿈

밤 지새 돌아다니느라 신발이 축축했다

인생무상이라며 한 선배가 집을 나가서는 사흘 지나도록 돌아오지 않는다고 아내에게서 전화가 왔고

포탄이 수없이 날아오는 어둠 뚫고 나와 손가락 두어 개 없어진 걸 보고는 운수 트였다며 복권방으로 달려갔던 날이며

술에 취해 돌부리 걸려 넘어지고선 그게 운석이었을 거라며 내일을 점치던 날도 신발이 젖었었다

요양원에 있는 엄마를 보고 간 작은 고모가 엊그제 죽었다는 그날은 별빛에 젖어 온몸이 축축했다

아내는 개꿈이라며 웃어넘겼다
말짱한 얼굴로 되돌아오는 날은 거의 없었다

지구촌 어디선가는 분명 일어나는 일이라며 어제도 달
문을 열고는 문고리를 숱하게 끌어당겼다

윤사월

뒤늦게

거무스름한 몸집 양수가 터졌나 보다

사방 흩날리는 꽃잎 받아먹다가

동동주에 취하고 인파에 해종일 휩쓸리다가

웃음 피워내고는 널평상에 길게 누워 있다

인생은 육십부터라며,

내가 이상하다

열두 평 밭을 괭이로 나흘째 쪼다가
정오 뉴스를 보는데
어지럽다

동떨어진 먼 나라를 보고 있어 멀미가 나는데 내 머리를
조절하는 속도계가 고장 났는가 보다

냉동병원에서 정자를 끄집어내어 홀로 아이를 키운다
무인 자동차 안에서 백세시대라며 장단을 두드리고 춤을
춘다 백화점 VIP 매장에서 비싸게 사들인 장기를 혼자 갈
아 끼운다 공중화장실에서 벽에 적힌 장기 할인 전문 전화
번호를 꿀꺽 삼킨다 성인용품 대리점에서 여자를 주문하
고는 방 안에 누워 있다 남자가 여자로 바뀌고 여자는 남
자로 바뀐다 외계인이 조만간 들이닥칠 것만 같다 별들의
전쟁이 시작되는 건지 혼미해져 온다

혼 밥

아무 생각 없이 숟갈을 듭니다
흰 밥알이 햇살처럼 목구멍을 비집고 들어옵니다
새벽시장에서 산 꼴뚜기 눈알이
꼭 먹어야 하냐고 말 걸어오는데
답 대신 꾹꾹 씹어대기만 합니다
이번에는 원산지 따져가며
메추리알 옆구리를 쿡쿡 찌릅니다
한입 베물고 둘러대며 얘기하려 하니
산 놈은 나뿐이었습니다
끼니때마다
죽은 놈들하고 머리를 맞대었던 겁니다
참 위대한 발견이라 생각하며 숟갈을 듭니다
먹는 것도 수행이라 여기며
거르는 날은 없습니다
한 번씩 복식호흡도 해가며 밀어 넣는데
가끔 헛배 차오를 때도 있습니다
헛배는 유효 기간이 참 짧다는 것을
이제야 알았습니다

외 도

  시원찮은 울타리를 넘어나온 모양이다

  흰 줄 운동화에 키 157 분홍 점퍼 땡땡땡 이틀 지난 듯한 유인물이 내 손에 쥐어진다

  보릿고개 숱하게 갈아엎고 뼈에 스며드는 시간의 눈발 헤집으며 힘들게 살아온 몸부림 잊어버린지라

  낙조에 뭉개진 손금 헹궈내고 뒤늦게 꽃길 잠시 걸어온 추억도 잊어버린 세월 저편인지라

  뛰쳐나왔나 보다, 더더욱 끈적거리는 도심의 한낮

  번지수도 모르는 낯선 대문 앞에서 하늘로 가는 길 애써 찾고 있지나 않을는지 한숨 더해가는데

  고무신 같은 낮달 안간힘으로 매달려 있다

감나무

허름한 차림새로 새초롬히 연두색 혀를 내밀었다
수일간 허공 핥더니 온몸이 금방 무성해졌고
아버지는 짙어가는 그늘에서 잠을 청했다
몇 날 자고 나니 몸에서 하얀 꽃이 돋았다
야밤에 보니 별빛인지 꽃잎인지 구별하기가 쉽지 않았다
장마 속에 푸른 몸집으로 영글어 커져만 갔고
붉은 반점 돌더니만 이내 만삭이 되었다
만삭 그늘에서 아버지는 또 잠이 들었다
얼마 지나지 않아 철버덕거림 한 번씩 들려오고
그때마다 아버지는 잠을 뒤척거렸다
얼마 되지 않아 바람에 몸을 맡기고는 양팔을 휘저었다
몸 뒤틀리는 소리 거의 가라앉는
음력 십일월에야 본래 차림으로 되돌아갔고
아버지도 영원한 잠에 들었다
얼마 지나 감나무 선 마당을 깊숙이 들여다보았다
아버지 등만큼이나 금도 많이 가고 들쑥날쑥 솟구쳐
위채 아랫목까지 발 뻗고 있었다
하루는 단둘이 눈빛 주고받으며 밤새 얘기를 나누었다
가슴 시리지만 이제 지난 인연은 지우자고 했다

흐린 탓이랄까

몇 날 동안 우울한 눈빛을 건네왔다

그날따라 더더욱 허름해 보이는

까치가 날아와 그 어깨를 토닥거리는 어느 오후

정화수 한 그릇 상에 올리고

아버지에게, 그에게 큰절을 올렸다

그날로 반백 년 역사는 지워졌다

강냉이

하도 말 많은 세상이라 입맛은 떨어지고 잘 먹지도 않던
강냉이로 요기하려는데
　내 입 같은 입이 여럿 뵌다

　하고 싶은 말만 하고 싹 훔치고 나앉은 매끄러운 입이
뵈고 헛말 주절주절하다 대충 치웠는지 듬성듬성한 입도
뵌다

　내 입에다 그 입을 들이밀고
　그 입에다 내 입을 들이대고

　말 배우는 앵무새처럼 토씨를 얼버무리기 싫어
　깊이 베어 물었는데도 나도 모르게 샌다

　웬걸, 참말이다 싶었는데
　헛말이 섞여 있었던 모양이다
　아니다 싶어 흘러내리는 말을 얼른 줍는다
　다시 새는 말, 말, 말

후회막급해 도로 주섬주섬 삼키려는데 경련이 인다

말주변 약한 내 입언저리에 결이 생긴 모양이다

새

유월 햇빛이 찔레 가시처럼 따갑게 찌르는 날

블루베리를 에워싼 그물막에는 새 갈비뼈가 앙상했다

달콤함에 취해 날아들다 허공에 멈춘 날갯짓

바동거리던 숨소리로 마침표를 찍었다

따가운 햇빛 아래

손에 쥔 블루베리는 마지막 눈빛처럼 진득했다

겹겹 꼬인 그물막을 들쳤다

잘도 빠져나갔는데 쥔 주검이 무겁게 했다

몇 년 전 아버지 유골함을 안고 오르던 길도 그랬다

침묵만이 흥건했다

산소에서 가만히 내려다보았다

햇살만이 유유히 빠져나간 그물막으로

새들은 기어코 몸을 던지고 있었다

정지선

광장 신호등 정지선 맨 앞에 서 있다
망각하고 지내던 단막들이 머리를 스쳐 지난다
중간에 머물 때는 멍하니 앞만 바라다보았는데
세상이 달리 보인다
좌측 마트 위 비둘기 부지런한 눈빛이 뵈고
연신 핸드폰으로 하늘을 퍼담는
여고생 출렁이는 머릿결
건널목 힘겨운 할머니 유모차 반경도 뵈고
급한 영업사원 뱃살 출렁거리는 소리도 들려온다
반대편 차도 달리는 사람들 마음조차도 읽는다
지리산으로 단풍놀이 떠나는 젊은 커플
주말농장으로 바삐 몸을 움직이는 중년 사내
한 번쯤은 사는 걸 돌아다볼 일인데
그냥 달리기만 했나 싶다
신호등은 사방에서 숨을 끌어당기고 있다
브레이크 밟고 있는 오른발 쥐가 날 정도로
아까부터 나를 훔쳐보고 있다
참으로 긴 망중한이다

사소한 일이다

아침이면 그냥 눈이 떠져 발길 떼는 일처럼 정원에다 국화 심고 향기 퍼뜨릴 날 기다리고

요양원은 동네 못 들어온다는 장년들 농성에 파묻히는 일은 사소한 일이다

지진 문자 날아들어 아파트를 뛰쳐나갔다가 생소한 정원 몇 바퀴 빙빙 돌다 들어오고

층간소음으로 난장판 된 몸살 난 아침 뉴스는 이제 사소한 일이다

하회탈 쓴 지식인들은 대학가로 달려가 진리 운운하고

서민들은 기본급 인상하라며 광장에서 사흘 동안 고함 질러도 눈과 귀만 멀어져가는 사소한 일이다

광장에서 뛰쳐나와 시간 갉아먹는 하루살이는 되기 싫다고 거듭 다짐하건만 체세포 울리는 전화 한 통 없는 사소한 일이다

돌탑을 쌓으며

나비와 벌들이 날아들 거라 여기며 돌탑을 쌓습니다

지리산에서도 경호강에서도 줍고 비토섬에 가서는 토끼 전설이 서려 있을 거라 여기며 주워 오고

비바람에 삭은 돌은 살처럼 갖다 붙이고 자잘한 사연도 틈새 끼워 넣습니다

층층에 철쭉으로 수를 놓고 꽃잔디를 이불처럼 깔아놓습니다

산 넘고 물 건너온 내력은 모두 끌어모아 축원도 드리면서 처음이자 마지막으로 쌓는 탑이라 여기며 훈훈한 인연들로 가득 채웁니다

어머니 아버지도 벌이 되고 나비 되어 꼭 한 번은 들를 거라 여기며 탑을 쌓아 올립니다

시 간

밭 일구다 담배 꼬나물고 정자나무 그늘에 앉았네

허리 뒤로 손 돌아갈 일이 없고

눈 돌려 날아가는 비둘기 바라다볼 일이 없어졌네

언제부턴가 그리되었네

시간의 언덕에서 언제 미끄러졌는지도 모르네

경계를 이탈한 지 오래되고

담배 연기처럼 잠시 머물다가

저 골짜기로 곤두박질칠 일만이 남았네

누군가의 짐이 될 시간만 남았네

산벚꽃

 산등성이 훤한 벚꽃이 좋았다. 두릅 따러 가며 엄마에게 꽃놀이 간 적이 언제였냐고 물었다. 산에 피는 꽃은 얼마나 아느냐고도 물었다. 매화 복숭아 벚나무를 조금씩 늘어놓았다. 말이 어물어물 새어 꽃잎처럼 날렸다. 연신 버나무라 했다. 봄빛이 희번덕거렸다. 쇠한 가지에서 날리는 꽃잎은 꽃받침 없어도 향기로운 거라고 허공에 조곤조곤 읊었다. 기어오르다 젖몸살 앓듯 나무에 기대어 앉았다. 산그늘에 묻힌 엄마가 오늘은 더 왜소해 보였다. 꽃잎은 갈지자로 더 어지럽게 날렸다. 덧옷은 젖 자국으로 얼룩지고 속살은 땀 반 눈물 반으로 배어들었다.

무대

지금, 어디에 서 있는지 곰곰이 생각한다

솔바람 타고 거닐다 철쭉에 취해 불그레하게 물든 바위를 기어오르는 나를 보게 되고

송정해수욕장에서 살이 아프게 부서지는 겨울 서핑하는 나를 바라보게도 되고

대웅전 앞에서 절 한번 안 하고서 전생을 뒤적이고 있는 나를 발견하게 되는

뇌졸중으로 어둠 내리는 아파트 숲을 절뚝거리며 다섯 바퀴 채 돌고 있는 걸 보게도 되는

비바람에도 꽃이 피고 지는 향기에 파묻혀 살고 있다

일인극에 몰두해 있다

소신공양

마트 앞 사거리
비둘기 가슴은 식어가고 함박눈처럼 풀풀 날리는
깃털,
손에 쥔 비닐봉지는 동력을 잃었다
까마귀는 부지런히 내려앉고
몇몇은 생과 사 세레나데를 부른다
충만한 정오를 향해 달려가는 볕살 아래
끝나가는 한 영혼의 외로운 의식
지켜보던 이들은 아무 일 없다는 듯이
밥벌이 떠나가고
나도 비닐봉지를 흔들기 시작한다

양파

시멘트 바닥에 배 깔고는 물 한 방울 없는데도 순이 돋아 한 뼘이 넘을 성싶다

볕살에 들춰내다 보니 떠오르는 얼굴

요양원 그늘에 들어앉은 지 두 해가 넘어서고 양파만큼이나 축이 나 있다

얼마나 바라다볼 수 있을는지 바깥소식 들려주려 전화 걸면

"별일 없제"

자라난 새순만큼이나 싸하게 들려온다

양파처럼 겹겹 쌓인
산전수전 다 겪은 엄마의 일생을 벗겨낸다

그 안에 숨 쉬고 있는 내 절기도 풀어낸다

제 2 부

시간의 단내

봉숭아

화단 언저리 붉은빛이 터지고 있네

기진맥진하던 여름날
여동생은 발에다 엄마는 손에다 물들이던 꽃물

지난 기억 더듬어 보니 나는 누군가의 가슴을
진득하게 물들인 적이 없네

점점 짙어만 가는 꽃물

붉은 꽃잎 주섬주섬 줍다 보니

못다 한 말
씨알로 툭, 툭 터져 나와 수북이 쌓이고 있네

독백

빈 머리에다 몸뚱어리를 옮긴다

열다섯 평에서 스물여섯 평에 머리를 뉘고 구도시에서 혁신도시로 다리를 건너가고

소나타에서 벤츠로 눈퉁이 돌리고 곱창집에서 일식집으로 혓바닥 굴리고

중얼대며 귓바퀴 열고 돌체 시네마로 옮아가 한통속이 된다

빌딩주 부러워 복권방에서 숫자 빈약한 머리통을 굴리고

교차로 신문에 내 영혼을 내놓고는 술잔 들다가

오늘도 가난한 친구들과 어울려 내일로 가는 기차를 탄다

언제 탈선할지 모르는 기차를 탄다

열대야

물방울무늬가 헐렁한 파자마에 새겨지고 중복 달빛이
블라우스에 배어들고
걸치고 있는 일 자체가 지독한 수행이다

더위 먹은 폭주족 괴성으로 도로는 물컹대고
텐트족은 밤새 수달처럼 물빛을 헤집고
눈썹 없는 마네킹이 실오라기 하나 걸치지 않은 채
상가 골목을 뛰쳐나오고

도시는 그야말로 거대한 야외 온천탕이 되어간다

열기 가득 찬 가림막을 열어젖히고
강물에 뛰어들어도 정신이 들지 않는다

미친놈이 다 되어갈 즈음 강변에 레이저 쇼가 벌어진다

몇몇 여자가 탕을 뛰쳐나왔나 보다
허공에다 미끈한 다리를 뻗는다

뇌세포 분열 멈춘 지 오래 여름밤이 식고 있다

삐삐*와 토스트

벚꽃잎 떨어지고 풀빛 젖어오는 봄날이었지.

나는 삐삐를 질겅질겅 씹으며 보릿고개 떠올리고 딸아이는 토스트 먹으며 아이돌 노랠 불렀지.

오랜만에 사량도 볼락 낚시 갈 때는 새로운 앱을 찾고는 에스엔에스에 몰두했지.

감자 두어 고랑 심고 허리 펴고 누운 날에는 취직 자리 구한다고 이리저리 홈페이질 뒤적였지.

신도시 쇼핑몰에 간다고 나서면 재래시장 찾아 도다리 쑥국을 시원스레 먹었지.

돌아오는 길에 다리가 묵직해지면 성당 시계탑을 자꾸만 올려다보았지.

봄볕은 예나 지금이나 여전하다는 것만 실감했지.

---

*삐삐: 삘기(띠의 어린 순)의 경상도 사투리.

손수레

탈이 났다, 아버지 때부터 끌어온 손수레가

경계를 벗어나 숨도 제때 쉬지 않고 달렸나 보다

실어 나르던 어깨는 탈골되어 달그락거리고 뱃살은 갈라져 길바닥이 훤히 들여다뵈고

줄자로 쌓을 허공 높이를 재고
앙상한 밑바닥에 실릴 무게를 가늠하다 보니
판막을 두 번이나 갈아 끼운 아버지가 새삼 떠오른다

공무원 박봉으로 잠실 짓고는 수 밤 별자리 뒤적이고
아카시아 향 들여내고 밤나무 심으려 몇천 날 치달리고
이삿짐 싸고는 전기도 들어오지 않은 자갈길에
있는 온 젊음 뿌려대었지

관자놀이 눌러대는 기억들이 줄줄 흘러내린다
줄자 눈금도 잘게 부서져 내린다

오래된 몸통을 해체하려니
달그락거리는
시간의 단내가 난다

마 취

축제가 곧 시작되는가 싶어 눈을 감는다

사람들이 내 몸을 어루만지며 지나간다

이름이 잘 떠오르지 않는 굽은 포구에서 발자국 몇몇 물빛 찰방거리며 노을 속으로 걸어 들어오고

해변에 아내가 보이길래 사랑한다고 건넸더니 그냥 지나친다

철학관 하는 친구가 중얼대며 손짓하는데 발걸음은 허공에 떠 있다

순식간이 하얗다

발이 따뜻해진다, 아내가 발을 가만히 만지고 있다

사람들 사이로 흰 가운만이 눈에 들어온다

택배 기사

지도에도 뵈지 않는 골목길이 실리고 오래된 연립주택
육중한 계단이 누르는
소금기 밴
메고 나르는 땀구멍은 닫히지를 않는다

카얀족*처럼 목을 늘일 장신구
내장지방을 없애야만 온전한 지구인이 된다는 클로렐라

치장할 더미는 산더미인데 202호 여자는 증발하고 반송
날짜는 기다리다 현관 앞에 실신해 있다

시간 치달리면 어둡잖은 그림자 어깨 짓눌러오고
만보기마저 날숨을 심하게 내뱉는

밥상머리 별자리는 열 시쯤에 걸려 있다

*카얀족: 여자들이 나이 들수록 목에 링을 하나씩 넣어 목을 길게
  늘이기로 유명한 종족이다.

지방간

달 신 앞에 너무 헛손질하며 살아왔나
해 신 믿고 많은 것을 탐하며 달려왔나

간에 미세먼지 잔뜩 쌓였다는 통보서 받아들고는
하늘 올려다보며 동공을 열어젖혔다

핑크뮬리 축제 달려가 허수아비처럼 흔들리다가
풍물놀이 취해 사방 몇 날을 돌아다니다가
눈에 와닿는 것은 죄다 밀어 넣고는

희열에 찬 무대를 당장 떠날 수 없다는 듯
떠도는 슬픔은 모두 불러들여
짓눌린 밤을 달래며 지새야 했다

양지식물만 키우는 번지르르한 세상이라며
아픔은 묻어두고 웃음만을 퍼뜨리려 달리기만 했으니
오죽했으랴

이제라도 절은 시간 널어놓고

남은 빛깔 바래지 않게 내내 어루만져야겠다며

하늘을 본다

하얀 그림자

　침대에 널브러져 허우대는 좀 어정쩡해도 묵언 수행으로 따라나서는 믿음 가는 광신도이다

　연기 자욱한 삼각지 다방에서 풀어낸 운세 좇아 따라나선 광장에서 번데기 냄새 맡으며 양극의 시대 한탄하는 선구자이다

　야시장에서 죽어 간 하루살이가 불꽃놀이 때문이라는 환경운동가에게 진실만을 말하라고 따지며 민낯 붉히는 자화상이다

　양지에선 양심수였다가 음지 들면 치부 숨기려는 밀정 되었다가 나 아닌 나로 살아가는 영혼 다그치는 목숨 건 스토커이다

　달그림자 해그림자에 몸 빼앗겨 가며 유명세 톡톡히 치르면서도 내 몸 다독이며 집을 찾는 진한 동반자이다

　내 곁에다 묵직해져 하얘진 나를 눕힌다

그루잠

윤기 자르르한 국화를 네 포기나 얻어다 키운다
자고 났더니 봉오리가 올망졸망 맺히고 푸른 기운이 돈다
또 자고 나면 마당은 그윽한 향기로 가득해진다
졸다 보면 까치가 날아들어 향기를 쪼다 간다
길고양이도 화분 위에서 취해 졸다 간다
이상하다 싶다
잠시 자고 났는데 향기가 전부 사라지고 없다
까치도 길고양이도 다시는 찾지 않는다
모두 한순간이었나 보다
눈에 들어온다고 홀로 착각하고 살았나 보다
정신 들면 꽃밭에 나가봐야겠다고 중얼대며
또 그렇게 잠에 든다

개전 사거리*

일순간 적막이 칸과 칸 사이를 닦달한다

휑한 눈이 철창에 끼어 바동거리자
삽시간에 목덜미와 엉덩이를 두들기는 볕살

곁눈질하며 공중제비 돌던 고양이가 땡볕을 잡아당기자
이승과 저승 사이
오가는 줄다리기는 팽팽해지고

분명 엊저녁 도둑놈한테 끌려온 것 같은데
예견이라도 했는지
개는 실성한 듯이 울음을 토해낸다

대머리 주인은 앉은뱅이저울에 울음을 얹는다

세세히 맞춘 눈금자를 읽으며
죽음은 늘 삶 주위에 맴도는 거라며
바깥으로 눈길을 돌린다

틈새로 새어 나오는, 이는 불협화음

엇비슷하게 가라앉는데 아침은 뜨겁기만 하다

*개전 사거리: 진주시 봉곡동 서부시장에 있으며 닭, 개, 염소 등을
 팔던 거리.

운

나는 참 운이 좋은 놈이다
얼굴도 모르는 형은 세상 구경 제대로
못하고 일찍
사주단자 안고 떠났다니 말이다
새벽이 오면 저절로 눈이 떠지니 말이다
지금도 빗소리
바람 소리에 젖어
술 한잔 들고 있으니 말이다
살아볼 만한 세상이라고 웃으며
내일로 달려가고 있으니 말이다
꽃내음 술술 들이켜며 오감을 열어젖히고는
어릴 때 엄마가 들려주던 가슴앓이
되뇌며
시 한 줄 읊고 있으니 말이다

박제된 시간
―유정장어

구잇집에 앉아 장어 꼬릴 씹는데 바다거북 등짝에 말라붙은 파도 소리 들려오고 미끌미끌한 갯내가 몸을 떠민다

고라니 울음이 사방 벽을 타고 흐른다 부릅뜬 꿩이 날아들어 바라보던 눈빛을 사정없이 낚아챈다

누런 보리밭 꿩 울음 떠올리며 푸드덕 날았던 적 언제이었던가 곱씹고

빈 몸뚱일 보며 행복론 운운하며 잔을 흔들던 시간 또한 진부한 일들

순식간에 꿈을 강탈당한 그들 떠올리며 밀렵꾼 대신해 침묵으로 술잔을 들고

인도 배낭여행 떠날 때 가졌던 마음가짐인데도 책하는 반문은 쉼 없이 꼬리에 꼬리를 문다

남도 지오그래피*

꽃 피워낸 눈물방울이다

산과 들에서 피고 산그림자 따라 내려와 둑 터진 섬진강 미나리꽝에서도 피우고 고추 방앗간에서도 피우고 시장바닥에서도 피우고

가슴 물들이는 사연 핥으며 눈물과 비벼 마신다
다도해 파도 소리가 반야봉 발목까지 차오를 때까지
절기 풀어헤치고 흙살을 빚어낸다

한 사내와 사는 둥 마는 둥 덜 여문 핏줄로 땅 갈고 하늘을 갈아엎었다. 꽃받침 아래 올망졸망 모인 눈빛 거두느라 밤낮을 달음박질쳤다. 노도 없이 강을 건너오고 바다 거슬러 남도에 핀 꽃을 나비와 함께 핥았다. 산수유꽃 슈으며 하나 낳고 고로쇠 퍼마시며 하나 낳고 보리 가시랭이 뒤집어쓰고 하나 낳고 지리산을 두어 바퀴 돌고 나니 예닐곱 놈이 젖 대신 꽃대를 빨고 있었다. 눈보라 맞으며 밭머리 돌아나가는 안개 자욱한 샛길을 홀로 내었다. 산새 지저귀는 소리에 귀 기울인 적도 없고 약초만 캤다. 돌아오면 지

리산이 밤새 덮고 자던 구름 이불을 빨았다.

만리향 같은, 홀로 접고 펼치던 꽃말이다

*남도 지오그래피: 과거와 현재를 통해 생생하게 살아있는 남도 사람들의 진솔한 삶의 향기를 다시 그리던 다큐멘터리.

불수의근

퍼붓는 비를 나는 어찌하지 못한다.

비바람 치는 아침에 갑작스레 친구 부음을 들었다. 고등학교 홈페이지에 들어가서 먼저 가 자리 좀 잡아놓으라고 인사말을 남겼다. 학교 들어서다 배수구 근처 제비꽃에게 조용히 물었다. 자기가 할 수 있는 건 고개를 숙여 흐르는 물소리 듣는 일이라고 입만 오물거렸다.

돌아오니 어깨가 결렸다. 왼팔이 잘 돌아가지 않아 긁개로 눌렀다. 등에 쌓인 피로 가 허리를 돌았다. 위장에서는 어제 퍼넣은 세상사가 끓어 대었다. 넉넉하지 못한 오감을 던져버려야겠다. 몸에 맞지도 않는 하회탈을 벗어버려야겠다. 어찌 못하는 기억의 끈이 슬슬 풀어지기 시작한다.

선문답

오랜만에 신안암에 들렀다

스님은 떡갈나무 잎이 온 마당에 뒹굴어 귀찮다 했고

아내는 인연설 들먹이며 하나라도 맞는 게 없다 했고

나는 스님 될 사주 타고났는데 낚시를 좋아한다 했고

웅석봉은 모든 게 흘러가는 강물이라고 했다

잔소리

바람 소리 들리지 않았으면 좋겠다.

바람이 가는 방향마저 보이지 않았으면 좋겠다.

봄이 온다

돼지 뼈 같은 두릅나무가 제 살을 훑아 마디마디 늘어진다

앞다투어 달리기 시작하는 걸 보니 누가 수액주사를 놓은 모양,
땅 기운이 발정을 일으키고

푸른 심줄이 하늘 향해 발돋움하는지라 얼마 전 땅 밑에 누웠던 친구도 뛰쳐나올 기세이다 보니 신명이 난다

종묘상에서 봄을 뒤적였다

창백한 달 표면에도 이식할 나무가 시장에 나왔는지 발품 팔다 지쳐 곯아떨어졌다

아랫도리가 무거워져 오길래 새벽에 방문을 열었다

어젯밤 밤공기가 무척이나 따뜻했는지 가식해 놓은 흙더미가 칠 센티나 솟아 있다

제 3 부

타는 유월이다

들 꽃

그대 이름을 너무 쉬이 불렀네

들뜬 봄날에는 네 몸을 쉬이 탐하였네

황사 바람 허옇게 뒤집어쓸 때는 눈길 한번 건네지 않았지

열사병으로 밤새 헐떡일 때도 그랬었지

발길 끊어진 휑한 늦가을 그제야 겨우 알았네

막막한 네 가슴 데우던 피가

내 몸에도 돌고 있다는 걸 알았네

문패

고향 집에는 문패가 없다
아버지 돌아가시고 유물을 정리하고부터다
계단 밑 측백은 산소로 옮겨졌고
주렁주렁 걸렸던 액자
도자기는 고물상으로 떠나보내고
엄마는 지난 흔적을 천천히 지웠다
일주일 뒤에는 면사무소에서 호적도 정리했다
그 후로
문패를 달지 않는다
그래도 우체부는 잘도 찾아서
살아있는 소식을 전해주곤 한다
어차피 때가 되면
떼어낼 거라 여기는지
나나 엄마나
그냥 지나치고 들락거리기만 한다

마늘밭

유월 땡볕을 힘껏 제 뱃속으로 당기는 이랑에서

흙살 낀 손톱 같은 낮달을 주워들었다

엄마가 찾지 못했던 호미인 듯싶다

꿩은 옛 그대로 꿩꿩 울어대는데

마늘종 나오기 전에 요양병원 간 엄마는 잊은 것 같다

꿩은 몇 날 뭉갠 자리를 털고

나는 주저앉았던 엄마 방석을 털며 마늘을 뽑는다

땡볕을 파 뒤집는 발소리만 자박거리는

유난히 바쁜 손길 그리운

타는 유월이다

부원동* 1

열 번도 더 나온 것 같은 헛기침
녹슨 대문에 걸터앉아 있다
솜사탕 같은 구름을 쉬엄쉬엄 핥아댄다
을숙도 파도 소리에 귀 기울이는 것 같기도 하고
빨랫줄에 걸린 코다리 전생을 더듬는 것 같기도 하고
구름 모양새로 내일을 점치는 듯한
흐릿한 눈빛으로 골목을 훑고 훑는다
장날이라고 이웃이 대파 몇 개 건네고 가고
피리인 양 물고 앉았다
노랫말이 미처 떠오르지 않는지 하늘을 올려다본다
소리 나오지 않는 입언저리에는
구름버섯이 피어 있다

*부원: 김해시에 있는 동명, 옛 번화가로 공동화 현상이 아주 심한 주택지역.

보청기

 엄마는 보청기를 끼지 않으려 한다. 전화 걸면 그래그래 너희들은 잘 지내제. 동네는 별일 없제 뚜뚜. 봄날이 오면 새소리 잘 들리고 꽃이 살짝 입술 내미는 소리 들린다고 넌지시 건네도 됐단다. 유등축제로 남강이 출렁인다고 던져도 그냥 됐단다.
 산청댁이 어제 죽었다고 전해도 됐단다. 뜸부기 우는 소리가 뜨부기 우는 소리로 들려도 됐단다. 뚜 소리가 귀에 닿기도 전에 끊긴다. 답답해서 만날 때마다 묻고 또 던진다. 남사스럽다고 이 나이에 필요 없다고 우겨댄다. 구순이 다 되어 가는데 귀신이 다 되어 가는 소리로 들려도 됐단다.

장군이*

  허공에 머무는 초점이나 몸을 말고 흔드는 꼬리 의미를 새기지 못했다

백내장 걸린 속눈썹은 젖어 머리맡에 얹혀 있다

꺽꺽,

치매 노인이 벽을 긁어대던 상형문자처럼 알 수 없는
울음을 토해내는 소리

갈 길과 왔던 길이 얽히고설킨 한 영혼 구원의 소리일까

마음의 눈으로 해독해야만 하는,

내가 네게 베풀 수 없고 네가 나에게 베풀 수 없는

부재의 공간에 머물러 있다

*장군이: 집에서 14년간 키우던 애완견 이름.

회개

　강물은 몇 날을 지새워 울었다. 화개장터가 잠기고 모두가 절뚝거렸다. 소가 슬픈 눈망울로 사성암에 오른 뉴스가 종일 벽을 타고 흘렀다. 붉은 강물에 떠내려가는 돼지 푸른 반점을 보았다. 오만 색깔로 단장하고 갓 피어난 꽃들이 담장에 깔려 제 낯빛을 잃어가고 있었다. 곳곳에서 모든 게 피멍이 들었다.

　제 탓 아니라고 서로 우기면서도 모금 운동을 벌였다. 나는 따로 피켓을 들고 나섰다. 길거리 매일 지나다니며 발에 채는 쓰레기 하나 줍지 않는 환경운동가들은 사라지라고 소리 질렀다. 온실가스 운운하며 하루라도 빨리 구석기 시대로 돌아가자고 외쳤다. 사람의 뇌는 오래전부터 오염되었다. 만년설이 녹아내리고 지구 곳곳이 물바다 되어도 소처럼 진실을 말하는 사람은 없었다.

기 우

묫자리는 뭐하게 제사는 무엇하게

우리 대에서 모든 게 끝난 거라며 세상이 아예 제멋대로 돌아간다며 거품 일도록 게우는데

막걸리판에 주민증을 까발려 놓고 누가 먼저 갈 것인지 정하자며 고스톱을 친다

타닥타닥 두들기니 타들던 나무에서 매미 껍질이 후두두 떨어진다

세상이 말세라며 얼큰해진 개띠 형이 부르짖는다

술잔에는 내뱉지 못한 말로 채워지고 껍데기는 헛말로 불룩해지고

멀뚱히 하늘만 쳐다보던 소띠 동생은 할아버지를 파헤치고 아버지를 파헤쳐 한데 모아놨다고 이제 죽어도 여한이 없다고 내뱉고는

얼얼하게 김치를 한 움큼 밀어넣는다

선 잡은 형이 고만 화투나 치자며 패를 돌린다

흘림낚시

깊이를 알 수 없는 바다에서 흘림낚시를 한다
새벽을 낚아채며 줄곧 흘려보내는데 밑 걸림이 많다
번지수 사라진 철거민 붉은 깃발이 걸리고
우중에 치킨 배달하다 죽은 아버지 운동화 걸리고
산을 완연히 태우고 떠내려온 가을 끝물에도 걸리고
어망에 갇힌 작은 돔처럼 마음이 파닥인다
희뿌연 바닥을 들여다볼 수 없으니
흘려보낼 수밖에 없는 지닌 삶,
잡생각이 달려들어도 시간을 풀어내며 흘려보낸다
드센 여밭 지나
언젠가 모래톱에 닿으면 평온하게 흘러가리라고 여기며
쉼 없이 끌어올리고 던져대는
팽팽해진 하루,
전마선처럼 떠내려간다

눈칫밥

화성에서 날아온 마감뉴스인가

허공을 할퀴던 발톱에 조리개가 오므라들고 간이 철렁 내려앉는데도
눈칫밥을 먹는다

갈기갈기 찢긴 봉지에서 잘린 손이 나오고
가방에 담아 버렸다는 미혼모 양심이 삐져나오고

벤치에 누워 신문을 훑던 노인이 지구 종말이 왔다고
강물로 뛰어들고
젊은 시인이 한나절 일인 시위하다가
우리는 지구인, 다 같은 지구인
어깨걸이하곤 분노해 뛰쳐나가도
누구 하나 고개 내밀지 않는
침묵의 광장에 살고 있다

내팽개친 미혼모는 어느 카페에서 오므라이스를 암팡지게 쑤셔넣을 거고

어안이 벙벙해진 나도
아등바등 한번 살아보겠다고 광장 분식점에 기어들어
길고양이처럼 눈칫밥을 먹으며 살고 있다

뻔지르르한 얼굴로 몰려오고 몰려가고
화려한 불빛에 아이를 낳고
마네킹처럼 다리를 떼어내고 팔을 붙이고
장기 밀매단 일망타진 뉴스를 보면서도
인명은 재천, 인명은 재천
구호만 남은 빈 광장에서
나는 뇌가 찌그러진 외계인이 되어간다

핼로윈데이처럼 인권론자 유물론자 탈을 쓰고
에스앤에스 난상토론 벌이다
좌파다 우파다 우겨대는 시위대 뛰어들어
지식인은 다 죽었다고 절규하다가
광장으로 돌아와 찌그러진 주둥이로 눈칫밥을 먹는다

오랜만에 밤하늘을 올려다본다
내 별자리마저 희미해져 가는 외딴 언저리에서
인간끼리는 같이 살면 안 되겠다고 얼얼한 시 한 편을 쓴다

뒤죽박죽 세상 손사래 치면서도
지축을 흔들며 눈칫밥 먹은 주둥이로 시를 쓴다

접

집안은 괜찮은지 심지는 곧은지
다산한 경험은 있는지 오만 상상으로 뇌를 죄며
제 살에다 남의 살을 얹는다

길이 새로이 덧대어지는
순수한 영혼을 불어넣는 간절한 의식이다

유별난 애정행각이다 보니 접질릴까 불안하다

돌 순만 무성한 날은 아예 떠올리기 싫다고 읍소하던 마음을 언덕배기 매화나무는 알고나 있을는지

붉은 꽃일는지 흰 꽃일는지, 두 마디 눈

의미심장한 출생의 비밀을 밝히려다 보니
달아오르는 이월이다

부원동 2

　골목이 냉방처럼 썰렁하다. 바람이 자주 방향을 바꾸니 새털구름을 외투처럼 살짝 끌어당겨 덮는다. 한 사람이 왼눈에서 오른눈으로 지나가면 담요가 꿈틀댄다. 오른 귀에서 왼 귀로 인기척이 옮겨가면 담요 밑에서 손가락을 두드린다. 할머니는 길고양이가 담장으로 뛰어오르면 귀를 세우고 골목으로 개가 달려가면 눈을 돌린다.

　지나는 바람이 들어가라 귀엣말하면 밤이 왔는가 싶어 운다. 달빛이 대문 두드리면 방인가 골목인가 싶어서도 운다. 고양이가 창문에 비치면 외로움인가 그리움인가 싶어 운다. 날이 훤히 밝아와도 울고 어둑해져도 운다. 수시로 새어 나온 울음은 개가 핥고 고양이가 핥는다.

엄마는 시그널을 보내왔다

일일구 몇 번 달려온 후로 엄마를 요양병원에 모셨다 심리학자가 아니라서 잘은 모르지만 제일 모범생이라 전했다

유리 벽 두고 얼굴 한 번 만지지 못한 채 번갈아 사는 얘기 전하면 보들보들한 새털구름 같은 웃음만 지었다

바깥세상 물어보는 일도 없었고 손자들 이름 한번 불러보고 또 웃음만 지었다

퇴직한 나에게 뭐하냐고 묻길래 집 고친다고 일렀다
어느 봄날 하염없이 날리는 벚꽃잎 바라보다
돌아서던 눈빛처럼
일순간 미소가 엷어지는 걸 보았다

옅은 미소는 휠체어 타고 건널 수 없는 강 너머로 멀어져갔고

내 신혼방이던 허름한 아래채가 헐렸다 작약 천리향 초롱꽃은 옆 동네로 떠나갔다

집안 내력 잘 알고 있는 감나무 그늘이 마지막으로 베어졌다

손때 묻은 것이 사라질 것 같아 마음을 천천히 내려놓고 있었나 보다 토요일에 반찬 전해주고 왔는데 다음 날 새벽에 병원에서 전화가 왔다

깃발

시청 앞 광장이 아니다.
깃발은 흔들리는 게 아니라 흔들어야 한다.

시내 간선도로에서 흔든다. 동서로 뛰어다니며 아들은 깃발을 흔든다. 소화불량인 듯 토해내는 공단에서도 흔들고 도축장 국기 게양대에서도 흔든다. 이층집 베란다 전선을 메고 오르면서도 흔든다. 어깨가 탈골되도록 깃발을 흔드는데 깃발은 나부껴야 제맛이다.

나도 흔들어야지. 살기 위해 흔드는 깃발 된서리 맞지 않도록 기원하며 흔들어야지. 비구름 타고 가면서도 흔들어야지. 눈에 소금기 배어들 때까지 흔들어야지. 가슴에 새겨진 문양 실밥이 터져 너불대더라도 흔들어야지. 깃대 부러지면 팔뚝에 매어서 라도 흔들어야지. 오색 만장 휘날릴 때까지 흔들어야지.

수시마을*

  요즘 타든 보리깜부기를 보기 힘든 것처럼 오가는 이가 없다

  아침에 노인유치원 버스가 지나가고 나면

  표지석에 새 몇 마리 쉬었다 갈 뿐

  담장에 핀 해맑은 나팔꽃 헤아리는 이가 없다

  낮살 더 먹은 정자나무도 쓸쓸하여 바람과 얘기를 한다

  어쩌다 구급차 낮밤을 뒤흔들고

  노을이 팔십 센티 쌓이면

  나는 옥수숫대처럼 서서 해넘이를 바라다본다

  그 위에 어둠이 쌓여와도

  가로등만 외로이 오가는 이가 없다

*수시마을: 진주시 명석면 용산리에 있는 마을 이름.

젊은이여 내일을 밝히는 등불이 돼라*

　광제산 능선을 걸으며 풀빛 짙어 오는 산과 들을 내려다보라. 척박한 땅 한 알의 밀알로 뿌리내려 세상을 기름지게 일궈내고 살아감이 얼마나 복되고 아름다운 일인지 심장에 손을 얹어 보라. 젊은이들이여! 타오르는 정열과 밤하늘에 반짝이는 별빛 환한 희망은 삶의 초석이 된다는 것을 가슴에 새겨보라. 청춘은 불타는 정열을 가슴에 안고 내일을 향해 달려가는 꺼지지 않는 등불, 젊음은 오직 그대들 것이니 짙은 향기는 이 산야에 가득 차리라.

---

*명석면 노인회에 투고한 시로 나불마을 프로방스 커피숍 앞에 서 있다.

노고단

무례하게도 샌들을 신고 올랐다
엉겁결에 나서다 보니 산에 대한 예의는
트렁크에 처박아 두고 물병만 들고 올랐다
능선 타고 오르는데
허리가 부실한 탓에 돌계단에 수시로 퍼질러 앉았다
앉을 때마다 편평한 돌이 뾰족한 돌에게
가만가만 들려주던 얘기를 엿들었다
누군가에게 밟혀서 낮추기보다는
스스로 낮출 줄 알아야 한다고 말이다
순간,
다리가 풀리고 말았다
왼발이 오른발을 밀어내었다
오른발은 왼발을 다시 밀쳤다
샌들마저 끈을 풀고는 나를 밀쳐버렸고
발바닥에는 물컹한 물구덩이가 생겨났다
정상에 닿자마자
돌탑에 넙죽 절을 올렸다
이질풀 돌양지꽃에 엎드려 고해성사도 했다
그 대가로 나를 통째로 내어주고
일주일간 즐겨야 했다

헛개나무

돈이 된다길래, 간에 좋다길래

나무 심으려

원추리 개망초 옥잠화 심장을 수없이 잘랐다

원죄가 너무 크다

개망초 죽고 원추리 죽고

돈도 온데간데없고

내 간은 가지 끝 검은 씨알처럼 말라붙어 있다

제4부

골무

꽃무릇

  포만한 배로 식당을 나서다 붉은 스카프만 목에 두른 뒤 곁에 나앉은 허연 속살을 보았네

  푸르렀던 기억 너머로
  이별을 앞세우기보다는 사랑했다는 말을 잊고 지내던 내가

  횐한 몸매에 달아오를 줄이야

  아직도,

  내 피가 돌고 있다는 걸 알았네

해맞이

남도 끄트머리 달려간 그들에게서 묵은 살내 떨쳐버리라고 새벽같이 핸드폰이 달그락거린다

한 갑자 지나니 잘 일지 않는 감흥인데도 누웠던 자리를 턴다

한 해 꾹꾹 눌러
놓았던 속내를 나도 모르게 슬쩍 돌아앉아서 턴다

돈 욕심 자식 욕심 여자 욕심 술 욕심
주르륵 흘러내리는 속물 더미

집에 눌러앉아서는 십이지신 다 불러들이고서 밤늦도록 술자리 벌이곤 살아온 날들 회개한다며 생색낸 것들이다

고요히 바라다본다, 일렁이는 붉은 토사물

비워내지 못한 가슴 한쪽이 육중해져 온다

배추밭 연가

한날한시 태어나도 웅크린 햇살에 몸 불어도 금 가는 건 몰랐던 모양

잘난 것들은 데려가고 어수룩한 놈들만 곳곳에 남아 언 숨 몰아쉬는 그들 위해 안식의 노래를 부른다

겨울초 한 보따리 들고 간 새벽 시장에서도 부른다

퇴출로 배추 난전에 뛰어든 가장 마주하고는
삶이란 언 땅이거나 난전이거나 치열한 거라며 신나게 부른다

들에 외로이 나앉은 너를 떠올리면서

끼니도 거르고는 사람들에 휩싸여 아침을 데쳐내는 가장을 바라보면서

배춧잎 같은 얼금얼금한 하늘 떠받치고 살아가는 세상 천태만상이라며

잰걸음 박자 삼아

오늘 만난 인연들 앞에서 노래를 부른다

산사음악회

 적막 깨뜨리는 가을날이었다. 스님은 세상에 태어나는 날도 생명 다하는 날도 환희로 차 있어야 한다고 법문을 읊었다. 나도 희로애락은 한 줄기 바람 같은 것이라며 열심히 다독였다. 누각 기둥에 기대어 가슴을 한참 쓸어내렸다. 갈참나무도 회개하는 듯 몸을 싸고 있던 허물을 하나씩 떨구기 시작했다.

 여자 가수가 백세인생 노래를 불렀다. 붉게 태우던 나무들이 몸을 흔들기 시작했다. 묵상에 잠겨 있던 너도나도 팔 흔들며 춤을 추었다. 합류한 계곡물도 큰소리로 콸콸거리기 시작했다. 청설모조차도 차오르는 흥을 이기지 못해 먹이를 냅다 버리고 사방으로 뛰어다녔다. 늙은 나무들은 달빛을 끌어안고 조용히 나비춤을 추었다.

 정신을 가다듬어 방어산 마애불을 가만히 올려다보았다. 환한 미소로 길을 열고 있었다.

통증

만개했던 국화가 서리에 고꾸라질 때도 그랬을까

육십갑자 한 바퀴 돈 혈관을 눌러대니 곳곳이 저리다

회가 낀 숱한 날들이다

모로 눕다 보니 지진 날 때처럼 찌릿찌릿 여진이 온다

어깨 닳아 밤낮을 제대로 돌리지 못해 하루가 부서지기도 하고

계단을 헛디뎌 센서 등에 수없이 엎어지기도 하는

녹슨 부위를 시원스레 떨쳐내고 싶다

몸을 바로 세우려는데

훤한 달빛이 몽롱해진 나를 두드린다

모든 중력이 몸 안으로 깊숙이 쏠려 들어온다

이방인

쪽방 한 칸도 못 얻는 형편인가 보다
차 밑에서 애정행각 벌이는 걸 보면

황급히 달아났다가 자정쯤이면 되돌아오고

아내가 내 뒷조사라도 시킨 듯이 물증을 찾기 위해 내 쓰레기 봉지를 파헤친다

혹시나 루주 자국이 있는지 닭 다리를 핥다가 구겨진 메모지를 핥다가 늘 쑥대밭이 되곤 한다

세찬 비에 혼미해진 어느 봄밤이었을 거다

빗소리에 바닥 긁어대는 소리까지 가세하여 밤을 뒤흔들어
비까지 맞아가며 뒤쫓았는데 흔적 없이 사라졌다

번득이는 담쟁이덩굴 사이로 젖은 문구 하나가
유독 눈에 들어왔다

'제발 먹이 좀 주지 마세요'

애증의 강을 수없이 드나들었던 모양이다

골무

　구멍 숭숭한 부뚜막에서 봄기운을 데쳤다. 밤꽃 냄새 가실 즈음이면 골무 같은 장갑을 끼고 산을 오르내렸다. 골무처럼 어둑한 잠실에서 누에도 키웠다. 장대비에 누에가 설사하는 날이면 너덜거리는 하늘도 기웠다. 논두렁에 난 물구멍은 콩잎을 덧대어 기웠다. 보름달처럼 훤한 내 발꿈치는 넓은 감잎을 덧대었다. 날마다 깁고 때우고 십수 년이 지났다. 골무처럼 닳은 무릎을 갈아 끼우고서야 천근만근 쌓인 무게를 내려놓았다.

　곳곳에 가득했던 기억이 쌉싸래한 골무의 내력이다. 엄마의 유일한 자격증이다. 무뎌진 혀로 훔쳐내던 사계절은 온데간데없다. 골무처럼 생긴 요양병원에 자격증을 내어주고는 잊은 듯이 살고 있다.

킬러와 킬라

어디까지 손을 뻗쳐야 하나.

모기가 달려들어 허벅지에다 뿌린다. 다리부터 귀밑까지 근질근질하다. 어미가 죽고 나니 새끼들이 달려드는 것 같다. 밤이 가렵다. 공습경보는 이어지고 죽음의 도구를 다시 꺼낸다. 킬러를 왜 킬라로 명명했는지 궁금하다.

늦가을 시들해진 국화에다 진딧물 약을 뿌린다. 고방에서는 내 쌀을 지키려 끈끈이를 놓는다. 친구들이 모이는 날에는 닭을 잡는다. 십일월에는 갈치 낚시를 가고 돌아오는 길에는 활어시장에 들러 그 눈빛을 한없이 지켜보다가 온다.

주방 청소하다 바퀴벌레 두어 마리를 죽인다. 나보다 약한 놈만 죽인다. 소 돼지는 죽이지 못한다. 입으로만 죽일 뿐이다. 달리 인문학을 공부한 것도 아닌데 해괴한 철학에 몰두해 있다.

귀

말귀 못 알아듣는 귀라고 핀잔주지만
물려받은 소중한 부위이다
듬직한 소리는 빨리 받아들이고
얄팍한 소리는 천천히 받아들이라고
후비는 귀
세상 밖 온전히 열린 귀는 아니지만
평상심으로 새기려는데
온갖 억척 난무할 때는
눈을 치켜뜨다 도로 살포시 감는다
어제 주워들은 말
뱉은 말이 뒤섞여 이명처럼 들려오면
자다가도 별빛에 귀를 헹궈낸다
발품 팔아서라도
좋은 꽃말은 죄다 끌어모아
종일토록 귀담아듣고 싶다
꽃잎 열리는 소리 해조음처럼 들을 수 있는
완연한 귀를 가지고 싶다

고장 난 시간

　오늘 운세를 보다가 못마땅한 점괘는 애써 외면하라는 주문에 맞닥뜨릴 때 하루를 비운다

　동해 옆구리가 터지는 바람에 진동이 오는 거라며 사람들이 집에서 뛰쳐나가지 않을 때 또 하루를 비운다

　세상을 전전하던 친구가 나락으로 떨어져 전화번호를 지울 때도 하루를 비운다

　동쪽보다는 서쪽이 시세가 훨씬 낫다고 입언저리가 얼얼하게 씹어대는 부동산에서 또 하루를 비운다

　죽은 신호등 아래서 죽음의 전조는 어디서 오는지 계산식에 빠져 있을 때도 하루를 비운다

　시간은 맥줏집 바람 빠진 풍선 인형처럼 엎어져 있다

코로나19

동백섬에는 동백꽃이 사라지고
까치섬에는 까치가 날아가고

뇌졸중으로 말문 닫힌 사람처럼 모두 말을 잃고 날숨 내쉬며 간혹 수화를 건네고

붐비던 도로는 아홉 시 되기도 전에 모래바람 일어
가로등만이 핥아대는
만남의 광장은 길고양이 안식처 된 지 오래다

행복복지센터에는 마스크로 중무장한 사람들이 검역소를 설치하고 요양원에서는 사람들이 의아해하면서 죽음으로 내몰리고

홀로 오른눈이 왼눈에 눈길 건네고
생각하던 이맛살이 통째로 뽑혀 나가는
익히 알던 세상이 아니다

몇 년 지나면 말을 잃어버린 좀비의 앳된 후손으로
살아갈 것 같은 생각이 들어 고함을 지르다가
독백 속에서 나를 찾는다

어떤 세상

맷돌 호박 심으려 구덩이를 판다, 꿈틀댄다

운명의 빗장을 풀지 못해 계절의 행성을 수없이 떠돌며 입 봉해지고 눈멀어도 사지를 주무르며 기다렸다는 듯

여린 영혼이 꿈틀댄다

전셋값 싼 지하방에 수년 살아온 불룩거리는 주름이 연방이라도 쏟아질 것만 같다

눈멀고 귀 먼 네게 험난한 바깥세상 보여주자니 자신이 없다

다시 덮으려니 싸한 감정이 머리끝으로 몰려오는데 내 이십 대 젊은 날을 보는 듯하다

어찌 되었든,

지하 단칸방 사글세는 내가 내어주어야겠다

장마

접시꽃 분홍 얼굴은 윤기 잃어가고 점점 길어지고 있다

날던 새들은 들어붓는 비를 어디서 피하는지 새끼 칠 둥지는 탈 없는지 궁금증 일게 하는데

아들은 결혼을 꼭 해야 하는 거냐며 장마처럼 지루한 전화를 걸어온다

한 치 앞도 안 보이게 퍼붓고 불어나는 황토물

하늘 울리고 땅 두드리는 빗소리에 갇힌 귀를 다독인다

훤해지면, 달마가 동쪽으로 갔다는 화두를 거머쥐고 아버지 산소에나 들러야겠다고 좌뇌를 옥죄는데

머리는 무거운 정체전선에 머물러 있다

단풍놀이

무진년 한 해가 어떠했길래 불그름한 계곡을 저리 갈아엎고 뛰쳐나올까요 메말라 가는 가슴에 불 지피려는가 봐요

달아오르는 맘 열어젖히고 싶어 열일 제쳐두고 달려갔는데

먹이만 찾아 돌아다니는 다람쥐 되어버린 듯이
노랫말 잊어버린 늙은 새 되어버린 듯이
맘이 예전 같지는 않았어요

살아오며 곱게 단풍 든 날은 언제였던가 뒤돌아보고도
무슨 말 던질까 망설이다가
딴청만 피웠지요

불그죽죽하니 흘러내리는 기운 마다하지 않고
쉬엄쉬엄 막걸리에 말아 마셔대고는
화무십일홍이요 노래만 불러대었지요

아내 몰래 한 자루 긁어모아 놓았다가
단풍 요라도 하나 만들어 놓으려고 마음먹었더니
벌써 타들던 한낮이
안방을 기웃거리고 있어요

엠마우스 *

　흩날리는 벚꽃잎도 사라지고 없는데 꽃향기 흐른 흔적도 뵈지 않는데 허공을 바라다본다

　하늘로 한 사람 걸어 들어가고 땅에서 한 사람 걸어 들어오고

　정겹게 말들을 주고받다가 고개 끄덕이며 맘에 새겨놓고 다시금 지우고

　그렇게 허공에 떠 있다

　카네이션 한 송이 달고 미소 머금은 사진 한 장

　달랑 카톡으로 날아온 그곳

　나는 찾아간다

　새가 자유로이 지저귀는 봄날에 말이다

*엠마우스: 진주시 판문동에 자리한 요양병원.

그 이름 하나로
―M 교장선생님 정년에 부쳐

교육자라는 그 이름 하나로
뜨거운 열정의 꽃 한 송이 한껏 피우고서

이제 떠나갑니다.

한 손엔 사랑을
또 한 손에는 봉사라는 깃발을 들고서
38년간 이끌어온 교육의 장
거룩한 빛 한 줄기 남기고서

이제는 떠나갑니다.

진리의 등불 하나 켜 들고
묵묵히 걸어와
탄탄대로 아닐지라도
후배들에게 참된 교사의 길 가라고

제자들에겐 험난한 세상
꿋꿋하게 진실을 말할 줄 아는
참사람 되어 달라고

잔잔한 별빛처럼 이야기합니다.

이제 우리에게 맡겨두고
편안히 가십시오

못다 한 열정
그 뒤안길에 고이 접어두고
다른 생을 위해
떠나가는 길

우리도 훗날 후배들에게 이야기하겠나이다

뒤따라 걸어간 길
참된 선택이었다고, 한 점 부끄럼 없었다고
다시 태어나도 그 길을 가겠노라고

꽃은 그냥 지는 것이 아니라
내일을 위해 여물어가는 것이라고

떠나는 님이시여
건강하소서.

제 5 부

파리, 45일

진주 파리가 파리로 가다

태어나고서는 멀고도 가장 긴 여행이었다
그것도 홀로 평생 한 번뿐일 비즈니스 티켓 한 장과
핸드폰만 들고 파리행 비행기를 탔다
모험가, 누리꾼, 외계인
온갖 수식어는 다 가져다 붙여도
내 존재를 확인할 수는 없고
유일신인 핸드폰만 꼭 쥐고 온갖 상상 속을 거닐었다
은하철도 999를 탔는지
빛을 거스르는 비행접시를 타고 왔는지 모를 일
드골공항에 도착하고
말 한마디 건네지 못하는 이방인에 불과한 나는
출입문 나와 딸을 대하고서야 말문이 트였다
어릴 때부터 부정맥이 있다는 걸 알지만
내 심장이 그렇게 뛸 줄이야
벌써 묘하고도 들뜬 기분에 취해 갔다

하루를 푹 쉬고선 파리 시내를 혼자 둘러보기도 하고
딸과 같이 길고 짧은 여행을 했다

파리, 베른, 룩셈부르크, 로마, 브뤼셀, 바르셀로나, 베를린, 런던
8개국 몇십 군데를 돌아보았나 보다
이제 두 번 다시는 가지 못할 곳
눈으로 그려보고 앨범을 펼쳐보며
그때를 떠올려본다
살아있는 날들이다
어디론가로 떠나는 일은 가슴 설레는 일이다

벨기에 가다

트로카데로역 2번 출구 클레버 카페 앞으로 간다
밤 12시 넘어도 집까지 데려다준다는 아름다운
"이지고 프랑스"를 만나러

버스로 3시간 달려 도착한 브뤼헤 마르크트 광장
서유럽의 베네치아라고 불린다는
미로처럼 얽혀 있는 아름다운 수로 뱃길 투어 이어
브뤼헤 사랑의 호수, 브뤼헤 종루
동화 속 풍경을 옮겨 놓은 것 같은 거리를
아름다움에 흠뻑 취해 걷는다

센강 유역에 자리한 브뤼셀로 간다
벨기에의 수도이자 유럽 연합의 수도란다
찾은 그날은 시립대학 졸업식 있는 날
졸업생 한 사람씩 브뤼셀 시청사를 걸어 나오며
학위 받는 모습이 무척 인상 깊었다
평등과 유머를 상징하는 오줌싸개 소년 동상
오줌싸개 소녀 동상을 바라보며
자유로움을 만끽하고

빅토르 위고가 세계에서 가장 아름다운 광장이라 일컬은
세계 문화유산으로 등재된 그랑플라스 광장에서
아름다운 야경에 푹 빠졌고
집에 도착하니 정말 한 시가 넘었다

몽생미셸* 가는 길

1

미지의 세계로 간다
지베르니 모네의 정원에서 숨 가다듬고는
물그림자를 천천히 들이마신다
호수에 가라앉았어도 진한 숲의 향기가 묻어난다
모네가 살다 간 풍경
모네가 살다 간 기억을 되짚는다
젖은 갈대 그림자를 깨우고
지금까지 몰아온
숨 몰아쉬는 온갖 풀들의 잠든 노래를 깨운다
준비운동이랄까
벌써 온몸이 달아오른다

2

숲이 개펄로 바뀌고
개펄이 숲으로 변하기를 서너 번
안개를 헤집으며 섬으로 걸어 들어간다
아니 희멀건 섬이 내게로 달려온다
파도 소리는 저 멀리 떠내려가고

가슴이 흥건히 젖어오는

아찔한 윤곽,

쌓인 바위들은 어떻게 왔고
층층 사이사이
얼마나 많은 노예들의 눈물이 배어들었을까
여행자들과 어울려 기도원 안으로 들어간다
이는 궁금증을 누르며 사람들이 어찌 살았나 싶은
좁은 골목을 누비며
옛 숨소리 들으려 성당 창문에 기대어 소원을 빈다
십자가로 빛이 들어오고
고딕 양식의 기둥과 바깥 풍광이 어우러져
아름답지 않은 곳이 없다

3
잠시 눈을 감았다 뜨니
웬 조화인가
바다 한가운데 안드로메다 성운처럼 빛을 발한다

바다 위에 별빛이 수북이 쌓여 있다
낮에 남긴 발자국이 창으로 쏟아져 들어오고
기도원에 서린 전설이 일어나 발하는
어찌 말로 표현하랴
화성, 목성, 토왕성
숱한 별들을 한데 불러들인 것 같다
낮에 보던 풍광이 모두 빛으로 변해 있었다
어찌할까나,
노르망디 해변을 돌아 나오지 못할 뻔
찬란한 기억으로 남아 있다

*몽생미셸: 노르망디 해변 바위섬에 자리한 1300년 역사를 가진 수도원.

협곡, 룩셈부르크

대중교통이 무료라 부럽다
협곡을 끼고 형성된 도시라 참 아름답다
골이 깊어 보이지만 우거진 숲길과
중후하고도 검은 첨탑
소박한 건물들이 나를 부른다

기차역과 유적이 산재한 구시가지를 연결하는
아돌프 다리를 건넌다
붉게 물든 단풍으로 어우러진
아치형 다리에서 바라보는 풍광이 아름답다
무성한 숲 공원 협곡 지나
부르봉 고원
룩셈부르크 노트르담 성당을 둘러보고
룩셈부르크 헌법 광장
1차 세계대전 전사자를 기리는 황금의 여신상 앞에서
유럽의 슬픈 과거사를 돌아보았다
잠시 사색에 잠겨 앉았으니
내려다뵈는 도심 불빛들이
붉은 단풍처럼 다리 아래로 흘러내렸다

에펠탑

앱을 열고는 의미심장하게
92번 버스 두 대가 연결된 긴 버스를 탄다
지금부터는 모험이다
숨겨진 집중력을 최대한 발휘해야 한다
깊숙이 들어가 그들과 어우러지고
지나치며 건물 헤아리고 올려다보는 일이 급선무
한참 후 에펠탑이 눈에 비치길래 얼른 내렸는데
아뿔싸 조금 먼 거리
천천히 걸으며 눈에 들어오는 모두가 찬란한 유적
내가 관광객 겸 해설사이다
아로새겨진 정교한 건물 양식을 머릿속에 그려 넣는다
한 달은 넉넉히 보아야 할 누런 센강도 퍼담는다
다리가 묵직해질 즈음
312미터 육중한 철골 구조물이 눈에 들어온다
고소공포증이 있어 위로 오르지는 못하고
마르스 광장을 두 바퀴나 돌아보고는
이에나 다리를 건넌다
도로 위에서 사진을 담는 차림도 각양각색
연출하는 자세도 기묘하고 우습다

몇 시간 만인가, 울리는 핸드폰
만남의 광장이라는 트로카데로 광장에 들어서고
두리번두리번 드디어 상봉
에펠탑을 배경으로 딸과 함께 사진을 찍는다
유람선으로 야경 구경 갔을 때 붉게 빛나던
에펠탑이 가만히 나를 내려다본다

몽수희 공원에서

사람들이 한가롭다
호수에 드리운 도시 그림자는 더 여유롭다
연인의 무릎에 누워서 하늘을 보고 엎드려서 책을 보고
그 곁을 오리 거위가 뒤뚱뒤뚱 걸어가는
도심 속 망중한
어우러져 붉게 타오르는 숲길마저 감미롭게 다가선다
이 풍경 저 풍경 귀 기울이다
이방인인 나를 물속에 비춰본다
이국만리 떨어져 있어도 혼자라는 걸 잊어버렸나 보다
큰 화폭 안에 들어앉은 기분이다
들어올 때 길거리 중고 시장 골목에서 눈여겨보았던
흑백사진 속 배우처럼 나는 파리의 하늘을 올려다본다
그들도 나처럼 이 하늘 아래 머물다 떠나갔으리라
내 돌아가서도 꼭 기억하리다
호수에 드리워진 정겨운 그림자들을

트레비 분수

 바로크 양식의 로마에서 가장 큰 분수라는데 낮보다는 밤 풍경이 그리 아름답단다 사람들은 벌써 입구부터 붐비기 시작하고 어둑어둑 짙어오고 절호의 기회다 그리스 바다의 신 오시아누스 동상을 중심으로 불빛이 호수에 야릇하게 내려앉는다 다양한 조각상과 화려한 건축 양식이 불빛에 녹아내리는 듯하다 감격에 젖은 연인들이 키스하는 그림자도 물속으로 녹아내린다 밤이 부드럽다

 유명한 전설이 있단다 북적거리는 가운데서도 사람들은 등을 돌린 채 동전을 던진다 첫 번째 동전을 던지면 로마에 다시 올 수 있고 두 번째 던지면 사랑이 이루어지고 세 번째 동전을 던지면 그 사랑이 깨진단다 참 우습기도 하다 수입 또한 짭짤하다는데 모두 자선단체에 기부된단다 나도 호주머니를 뒤적여 동전 하나만 던졌다
 살다가 지구를 반 바퀴나 돌아 로마에 다시 올 수 있을까 거닐며 불빛을 한참이나 들이마셨다 발걸음에 채는 불빛이 제법 묵직했다

몽마르트르 언덕

1
순교자의 언덕이라는 몽마르트르 오른다
파리 최고도가 해발고도 130미터라니 알 만도 하다
사랑해 벽 앞에서 인증 샷을 찍고는
테르트르 광장에 들어서니
진한 색채의 온갖 그림들이 길가에 즐비하고
구석구석 자리한 길거리 화가들은
인물화 그리기에 몰두하고 있다
그림 안으로 들어갔다 나오기도 하고
내가 그림 속 주인공이 되기도 하고
그림과 사람 수가 같다고나 할까
떠밀리다시피 집시들과 소매치기 많기로 소문이 난
골목을 천천히 돌아 오르니
눈앞에 하얀 설산처럼 펼쳐진다
사크레쾨르 대성당
잠시 눈을 감는다, 황홀하다

2
파리 시내가 훤히 내려다뵈는 계단은 발 디딜 틈이 없다

시청에서 주관하는 포도 축제가 열린다는데
잔을 든 청춘 남녀가 인산인해
훤히 내려다볼 시내는 풍광이 꽉 막혀 있다
테르트르 광장으로 다시 나온다
피카소가 무명 시절
술값 대신 그림을 주었다는 술집 있었던 자리에서
19세기 분위기에 잠시나마 빠져본다
후에 그 그림은 엄청난 고가에 팔렸다는 일화도 있다네
인상주의 마네 모네 세잔도 교류의 터전을 만들고
변방이라 생활비가 싼 유럽의 예술가들이 모여들었다는
돈 대신 그림을 받아도 싼 술과 빵을 내어주었다는
테르트르 광장
그들만의 예술세계 열띤 토론이 쟁쟁하게 들리는 듯하다
이제는 피갈 거리처럼 환락을 좇는 사람들이 늘어나면서
예술가들은 차츰 몽파르니스로 옮겨간다고 하고
길거리 화가들뿐이라 마음이 횅해진다

눈 덮인 융프라우로 가다

바로 가는 열차가 취소되어도 책임지는 이가 없다
불만을 토로하는 이도 없다
로잔, 로잔 외침 속 부리나케 열차를 탄다
유럽 연합이라는 실감이 난다
여권 찾는 이는 없어도 열차표만은 꼭 찾는다
세 시간 넘어 달려 베른에 도착
짐을 풀고는 구시가지를 걷는다
치트글로게 시계탑을 지나 베른 대성당을 지나
베른 장미정원 오르다 내려다보는
아레강
시가지 붉은 지붕과 어우러진 단풍이 한층 돋보인다

인터라켄으로 가는 브리엔츠 호수 사이
잔디밭 군데군데 자리한 유럽풍의 집 풍경이 아름답다
조용한 소도시
아래로 강물이 흐르는 테라스에 앉아 설산 바라보며
잠시 호흡을 가다듬는다

눈 뜨자마자 그린델발트로 향한다

산악열차를 타기 위해

중간중간

커피 향 속에 알프스의 첨탑 지붕이 스쳐 지나고

곤돌라, 스키

우리는 산악열차 타고 오른다

레일에 기어가 깔린 열차는 처음 본다

지상 지하로 매번 넘나들 때마다

죽어간 노동자들의 손때 묻은 사진을 떠올리며

탄식에 연이어 탄식

3,454m 융프라우 설산, 호흡이 조금 갑갑하다

아, 여기가 스위스

딸아이와 같이 눈에 담고 가슴에 담고

펄럭이는 스위스 국기 아래서

대한민국을 외쳐본다

노트르담 대성당

버스를 타고 또 모험에 나선다
선상 투어 때 크레인이 불빛을 하늘로 들어 올리던
휘황찬란하던 광경, 오늘은 그 윤곽을 찾아 나선다
심장이 두근거리기 시작한다
퐁뇌프 다리를 걸으며
2019년 4월 15일 불타고 있던
안타까워하던 기억을 새삼 떠올리니 더 두근거린다
얼마나 진척되었을까 이는 궁금증
빗방울 떨어져 제대로 보겠나 싶어
가슴이 더 요동친다

시테섬에 거의 와 간다
한강 여의도 같다고 하는데
파리는 여기서부터 시작되었다 한다
센강 따라 걸으니 첨탑이 슬슬 비친다
지나는 유람선에 손 흔들며 미리 재어보는 윤곽
며칠 전 밤에는 빛의 화려함을 보고
오늘 낮에는 빛의 섬세함을 본다
아쉽게도 바깥에서만 보아야 한다네

잔잔하게 흐르는 센강

다행히도 그대로 남아있는 정면 두 탑

번갈아 보고 있으니 만감이 교차한다

다리에서는 축하공연인지 내용은 잘 모르겠다만

붉은 자켓을 걸친 젊은이들이 연주하고 있다

비는 부슬부슬 내리고

트럼펫 소리가 오늘따라 감미로운 건 왜일까?

종탑 위로 크레인이 허공을 들고 있는

다시는 보지 못할 노트르담

쓸쓸해지는 건 왜일까?

샹젤리제 거리를 걷는다

개선문을 뒤로하고
뒹구는 플라타너스 낙엽 위로
마로니에 잎도 서서히 자리 잡기 시작하는 십일월
딸과 함께 거리를 걷는다

윈도우 안에 자리한 그럴싸한 마네킹 표정을 바라보며
오르락내리락
화려하다는 풍광은 바람에 떠밀려 갔는지
보이지 않고 파리의 전형적인 우중충한 날씨 속
옷깃 여미며

아들을 안고 걸어오는 젊은 부부에게 핸드폰을 드밀고는
파리의 늦가을
한껏 퍼담아 달라는 웃음을 건넨다

사각사각 들리는 발걸음 소리
마로니에 잎 구르는 소리 가슴에 담는데
여기는 칠팔월이 가장 번화한 때라며
딸이 던지는 한마디

이제 내게는 영원히 한 번뿐인 샹젤리제인데
나는 가만히 웃으며 우중충한 바람을
잠바 안으로 깊숙이 밀어 넣는다

베를린, 장벽을 보며

무너진 장벽에 그려진 침묵으로 시위하는 벽화
벽,
벽 바라보며
노랗고 파랗고 붉게 이는 바람 헤집고 나는 서 있다
체험학습 나온 듯한 건장한(?) 아이들 틈새에서
말할 수 없이 솟구치는 아픔,
조국을 떠올리며 북받치는 서러움을 누른다
끊기고 이어지고 시가지 군데군데 허물어진
그 시절 상기시키려 보존된
철망 삭은 상처에 울컥하곤
브란덴부르크 문으로 발길을 돌린다
나폴레옹 전쟁, 프로이센-프랑스 전쟁, 2차 세계대전
베를린 장벽, 1990년 통일을 비롯
격동의 독일 근현대사를 함께한 건축물이다
한때 분단선으로 장벽이 쌓였기도 했지만
이제는 자유의 상징이다
걸어서 3분 정도
홀로코스트 메모리얼 광장으로 향한다
유럽에서 희생당한 유대인들을 기리는 직사각형

다양한 미로 같은 2,711개 구조물이 놓여 있다
비석이자 관을 상징한다는데
또 한 번 울컥한다
역사의 현장을 걸어본다는 건 새로운 발견이다
인간들이 살아온 역사 앞에서
마냥 눈물 머금을 뿐이다

버스를 타고

내 작은 눈으로 들어오는 검은 피부에 붉은 뿔 안경테
창가에 늘어진 노랑머리
짙은 눈빛의 하얀 구레나룻 신사
다채로운 조화 속
전형적인 뚱뚱한 아줌마 전화 소리에 얹혀 실려 간다
얘기 소리 이곳저곳 간간이 들리는데
나로서는 해독하기 어려운 외계어
글로벌 시대에 잠시 동참해 살고 있다는 실감이 난다
유일한 가이드는
핸드폰 앱에 떠 있는 내 위치 정보뿐이다
내가 할 수 있는 유일한 언어는 '매시'
분명한 진리 하나는 핸드폰을 분실한다면
국제미아가 된다는 사실
낯선 얼굴들을 대하니 약간의 긴장감도 찾아든다
뤽상부르공원, 팡테옹, 노트르담 성당 찾아다니는 동안
해의 위치에너지를 늘 확인해야만 했다
어둠은 나를 망각하기 때문이다
흘러가는 센강을 바라보며
버스를 타고 길거리를 훑고 다니니 웃음도 나고

이역만리 낯선 땅을 스스럼없이 거닐고 있는
뿌듯함도 한없이 밀려왔다

남프랑스 마르세유로 향하다

지중해 연안에 자리한 프랑스 제1의 항구도시이다
우리나라 부산쯤으로 치면 될까
파리에서는 줄곧 긴팔을 입었는데 여기서는 반팔도 더워
참 넓은 나라이다 싶다
선글라스 너머로 사방을 둘러본다
아시아 아프리카와 인접하여 불법 이민자가 많기도 하여
치안이 좋지 않다는데
걸어보니 거리가 편안하다, 낮이라서(?)
딸애와 위치 앱으로 버스 갈아타기를 몇 번
롱샴 궁전에 들렀다
역사적으로 물이 부족한 도시라
뒤랑스 강물을 끌어와 물을 공급한 기념으로
물의 예술을 담은 건축물이라는데
황소 머리로 쏟아지는 분수와 연못이 시원함을 더했다
요트가 즐비한 바닷가로 내려가
머리를 잠시 식히고는
최고도 노트르담 성당엘 올랐다
지중해와 시내가 한눈에 펼쳐졌다
옛 바다 감옥이라던 '이프 성'도 눈에 들어왔다

부둣가로 내려와 다시 걷는데
좌판 위 갓 잡은 생선들이 회 좋아하는 나를 유혹했다
회도 없지만 너무 비싸
새우 스파게티와 홍합탕 한 그릇으로 요기
(동네 포장마차에서 홍합탕은 서비스인데)
삼천포 용궁시장이 눈에 삼삼하기만 했다
갯내 실컷 맡고는
엑상프로방스로 가는 열차를 탔다
골동품들이 즐비하고 벼룩시장이 열리는
한적하고 평화로운 소도시에서 여정을 풀었다

해 뜨는 런던을 향해

  기차보다 싼 비행기를 타고 런던으로 날아갔다 우중충한 하늘 아래 지하철 타고 시내로 들어가는 때늦은 가을 정취는 내장산 가는 길처럼 느껴졌다 향한 곳은 버킹엄 궁전, 광장에는 우리나라 대통령 방문이 예정되어 있어 국기가 펄럭이는데 무척 반가웠다 궁전의 서문 웰링턴 아치를 돌아 나와 세인트 제임스 파크 왕립 공원 거닐며 사람을 따라다니는 오리 청설모와 달콤한 휴식을 취했다

  웨스트민스터로 향한다 영국 국회의사당과 빅벤이 나란히 서 있다 골목 조금 돌면 런던 아이, 웨스트민스터 사원 강가로 내려서면 타워 브리지도 보인다

  백색 동양인 흑인 나처럼 작은 눈 파란 눈 노랑머리 뚱뚱이 홀쭉이 수많은 인종이 어우러진 길거리 풍경 구경하며 일몰 무렵 유람선을 탔다 불 켜진 타워 브리지를 바라보기 위해서다(센강이나 템스강 물색이 남강보다 못한 것 같음)

강물 위를 천천히 걸어가는 것 같은 상쾌한 기분에 취해 고풍스러운 건물을 맞이하고 드문드문 현대식 건물이 물결을 흔드는데 센강하고는 조금 색다른 느낌이다

　내려서는 다리 불빛을 한참 바라보았다 점점 타오르는 야경, 이제 살아서는 내가 보지 못할 빛과 빛의 조화, 찡하다 런던 탑을 지난다 영국 왕실의 역사가 고스란히 담겨 있는 곳이라는데 아픔을 간직한 중세의 성이어서 그런지 불빛에 비친 잔영이 차가워 보인다

　허기진 배를 달래기 위해 찾은 곳이 차이나타운 런던 안의 상하이랄까 머리 위로 초롱등 홍등이 휘황찬란하다 세계 곳곳에 발을 뻗치고 있으니 참 대단한 민족이라는 생각으로 속을 진정시킨다 어둠에 빛이 번지는 속성일까 밤거리는 어디를 가나 사람들을 유혹한다 오늘은 런던 밤거리 문화를 실컷 즐겨보자 템스강 강물에 내 그림자를 한 번씩 담그면서 30분에 한 바퀴 돈다는 런던 아이 회전속도에 맞춰가면서 말이다

스페인, 안토니오 가우디만 떠오른다

지중해 연안 항구 도시 바르셀로나로 한 시간쯤 날아갔나
파리와는 달리 날이 너무나 화창했다

공항을 나온 도심 거리는 한산했다
제일 먼저 찾은 곳은 시내 인접해 있는 가우디 흔적
까사 바트요, 가우디가 리모델링한 일반 맨션으로
인증사진 찍는 사람들로 북적인다
밀가루를 반죽하여 지은 것 같고 곡선으로 구불구불한
카사 밀라 지나 찾은 곳은 사그라다 파밀리아 성당
가우디의 대표작이자 미완성의 걸작이란다
일백 년이 넘도록 짓고 있는데 대단하다 싶었다
공사 중이라 안으로 들어가진 못하고
웅장한 외곽만 돌아가며 구경한지라 안타까웠다
건축에 대해서는 문외한이지만
곡선과 각이 어우러져 기울어지고
창으로 음양각이 세워지고 황홀하다 나로서는
설계라는 말 자체가 도무지 윤곽이 잡히지 않는다
꿈 같은 곳을 벗어나려 구엘 공원으로 갔는데
아뿔싸 영업이 마무리되는 시간

입구에서 기념사진 찍는 마음은 어쩌랴

다음 날은 마드리드 스페인 왕궁으로 갔다
그리 화려하지도 않고 호텔처럼 무난하게 뵈는데
돌아도 경비조차 보이지 않는 것 같다
도심 거리가 비교적 한산하다
가로수 붉은 단풍나무가 정겹게 맞이한다
왕궁 중심으로 공원이 잘 꾸며져 여유로운 마음으로 걸으며
스페인 거리가 아니라고 잠시 착각도 했다

마드리드 이웃 톨레도로 발걸음을 옮겼는데
옛 왕국의 수도였다라고 한다
투어 버스로 두 시간 정도 돌아보았나 보다
세르반테스 언덕을 타호강이 둘러싸고 있는
협곡으로 요새처럼 보였다
톨레도 성벽과 톨레도 성당 보는 것으로
여정을 마쳤다
허물어진 돌담 아찔한 흙벽 기반으로
역사 깊은 강물이 흐른다

로마로 향하다

늦게 도착한 탓에 어둠 내리는 콜로세움을 한 바퀴 돌았다

이튿날 버스로 로마 시내 투어를 나섰다
어젯밤 본 광경이 눈앞에 펼쳐지는데
아침 햇살에 드리운 그림자마저 웅장했다

사람은 부지기수인데 입장료는 어디다 쓰는지
아침부터 지린내 슬슬 올라오는 골목을 누빈다
(내정간섭이라고 하면 좀 그럴는지)
우렁찬 함성이라도 듣고 싶어 새벽부터 나왔는지
사람들은 길게 늘어서 있었다
나는 뼈대만 남은 석조물에 반쯤 기어든
햇살을 거머쥐었다
허연 돌벽에 드리운 그림자가 꿈틀대기 시작했다
원형 기둥에 자리한 조화로움이
나를 흥분시켜 줄곧 세 바퀴나 돌았다

허물어진 담벼락이 발길을 붙잡았다
눈에 들어오는 네모지고 둥근 굴
유적은 역사의 산물이라는 진리에 탄복하며
유한한 삶을 사는 인간의 존재를 다시금 되새겼다
오르락내리락
제국 시대에 가장 오래된 티투스 개선문을 지나
필라노 언덕을 중심으로 일부만 남아 있는
옛 로마 중심지 포로 로마노 흔적을 더듬었다

웨아리즈 더 차아징 스토아

알바 간 딸아이를 저녁에 만나기로 한 날이다
시내 구경도 할 겸 조금 일찍 버스를 타고 나와
법원 청사와 방송국, 6구역 부촌이라 일컫는
생제르망 거리를 돌아보곤 강변을 따라 쭉 걸었다
자유의 여신상이 파리에 다섯 개나 있다는데
아래쪽으로 에펠탑이 멀지 않아 보이는
센강 시뉴섬에 있는 여신상을 찾았다
버스 노선을 잘 모르니 걷는 것이 태반이고
커피 한잔 사 들고는 혼자 시내를 막 누비는데
아뿔싸 핸드폰이 방전되었다
그 안에 집 주소, 지도, 내 위치 정보가 다 있고
딸아이 있는 곳도 모르는데
눈앞이 캄캄했다
불어 한 마디 못하는데 지나가는 사람에게
맞는지 안 맞는지 잘 모르는 영어를 건넸다
"밧데리 아웃, 웨아리즈 더 차아징 스토아"
손만 흔들고 지나쳤다
막막한 마음으로 골목을 몇 바퀴나 돌았는지 모른다
심장은 점차 거칠게 나부대고

강물은 거뭇거뭇해지고 불빛은 서서히 살아났다
변화가인데 저만치 구멍가게 같은 게 보였다
치달려 밧데리 아웃 하니
웃음을 던졌다 살았다 싶다 '매쉬'

베르사유 궁전

넓고 웅장한 궁전이다
파리에서 이십 킬로 정도 떨어진 외곽이라 기차로 이동
딸은 교통카드를 쓰지만 나는 일회용 승차권 사용하는데
황당한 일이 일어났다
2.1유로 지하철 티켓으로 지하철 타고 그대로 기차를 탔다
기차표를 끊지 않았다
뒤늦게 딸은 지나는 현지인에게 검사 자주 하느냐고
물었고 어쩌다 한 번씩 하는데 벌금이 서너 배
그냥 가란다(사실 왕복 도둑 기차를 탄 셈)
들어서니 정원이 어마어마하고 궁전도 화려하다
헤라클레스의 방, 풍요의 방, 비너스의 방, 대관식의 방
방이 많고 나름 의미대로 늘어서 있어
돌고 돌아도 끝이 없다
딸이 알바 갈 시간 되었다고 그만 둘러보고 가잔다
너무 아쉬워 먼저 가라고 용감한(?) 결정을 했다
어떻게 집으로 돌아가는지 잘 들려주고
가면서 눈물을 훔쳤다 한다
기차도 갈아타야 하니 길 잃을까 싶어서 말이다
분수대에서는 혼자 온 태국 청년과

서로 사진을 찍어주기도 하며 정원을 세세히 구경
몇 시간 후 집으로 가기 위해 역을 찾았다
이정표가 연신 빙글빙글 회전하는데
'바델'역 도무지 찾을 수가 없었다
이 역에 내려서 버스로 갈아타야 하는데
어둑어둑 짙어오고 가슴은 긴장에 긴장
한참을 통화하며 오르락내리락하는데 번쩍
잽싸게 올라탔다 가슴 놓는 소리가 쿵쿵했다
내리니 저번에 찾아보았던 미라보 다리 역
아, 하느님 부처님
그날 저녁에는 시원한 맥주 만찬이었다

추억 속, 미라보 다리를 찾아

기욤 아폴리네르
"미라보 다리 아래 센강은 흐르고 우리들의 사랑도
흘러간다. 내 마음 깊이 아로새기리라"

옛날에 암송되던 시를 떠올리며 오늘은 미라보 다리를 한번
찾아본다 하니 무슨 다리인데 딸이 묻는다
여차여차하니 모른다네 아, 세대 차이인가 보다

노선은 62번 버스
한번은 하행선을 타는 바람에 실패 '이꼴락 다리'
그날은 잘 찾아서 갔다 삼십여 분 걸렸는가 싶다
몸체는 진한 연녹색인데
화려하지도 않고 관광객이 북적거리지도 않는다
동네 개천처럼 조그마해서 큰 배는 다닐 수도 없다
이름에 비하면 너무 평범하다
마리 로랑생과 이별한 아폴리네르는 이곳에서
걸음 멈추고 왜 사색에 잠겼을까
그리고 사랑과 이별을 노래했을까

100년이 지난 지금, 나도 궁금했다
밤이 와도 종이 울려도 강물이 흘러가도
사랑은 가버리고 나는 남는다
센강을 내려다보며 대충 시를 되뇌며
나도 첫사랑 그니를 떠올려본다
모든 것은 흘러간다
사랑 이별 시간 죽음 역사 이 모든 것이
흘러가는 강물에 내 마음도 얹는다

요리사 되다

한나절 쉬는 날이면
버스로 여섯 정거장 지나 중국 마트에 자주 들렀다
좋아하는 소주(오천 원) 삼겹살 닭똥집 쌀 마늘 등
한국 음식 식자재가 많기 때문이다
돼지 귀 반쪽, 혀 반쪽, 콩팥 반쪽 무엇이든
반쪽이 많아 구경거리도 많고
제일 싼 닭똥집을 자주 사서 요리하고
알바 간 딸아이가 오면 전업주부처럼 상을 차렸다
동네를 돌아본 하루와 그들 문화를 이야기하고
밤 문화 탐방도 했다

내가 포장마차를 좋아하는 것처럼
그들은 길거리 문화를 좋아하는 사람들이었다
내게는 차가운데 싸늘한 바람이 불어와도
이슬비가 부슬부슬 내려도
마냥 탁자 군데군데 앉아 커피나 맥주를 마시며
하루치 인생을 이야기하며 즐기는 것이 여유로웠다
몇 바퀴 돌다 보면 과일 캔 몇 사서 돌아온다
흑인 친구들은 왜 골목에서 서성거리는지 겁난다 하니

인종차별이란다 젊은 그들 문화라네
내 사는 진주가 참 좋다는 생각을 안주 삼아.
마음을 달랬다

피사의 사탑

피사 대성당에 딸린 높이 55미터 종탑이다
몇백 년에 걸쳐 1년에
1밀리 정도씩 기울어 4.5도 정도까지 기울어졌다는
탑을 인증 샷 남기기 위해
나도 밀고
딸아이도 밀고
푸른 눈을 가진 러시아 아가씨도 밀고
멕시코에서 왔다는 흰 파마머리 할머니도 민다
힘든 모습 보이지 않고 모두가 해맑다
취하는 자세도 각양각색
모습을 정확하게 사진에 담는 것도 쉽지가 않다
밀치면서 삶이라는 걸 곰곰이 생각해 보았다
내 걸어온 길은 얼마나 기울어져 있을까
정도에서 얼마나 멀어져 있을까
기우는 생을 밀치며
여기까지 어떻게 치달려왔을까
탑을 한참 밀다 보니
기운이 모두 빠져나간 것 같다
그림자가 광장 앞 잔디밭에 쓰러진다